Wer durch Wien geht, streift unzählige Schicksale und Alltage. Tragödie und Komödie liegen nebeneinander auf der Straße. Irgendwann dachte ich mir: Das muss man aufschreiben. Für all die Alltagspoeten da draußen.

FAHRPLAN

„Bitte alle einsteigen“

Eine der ersten Einsendungen, die ich nach der Gründung der Wiener Alltagspoeten erhalten habe, lautete: „Welche Institution in Wien enthält Vertreter aus mehr als 190 Staaten?“ Die Antwort lautet: die U6. Bis zum heutigen Tag habe ich dieses Zitat nicht veröffentlicht – vielleicht habe ich es mir für dieses Buch aufgehoben.

Die U6 durchquert die Stadt nicht nur geografisch von Norden nach Süden, von Transdanubien bis Liesing. Sie bildet auch mental einen Querschnitt durch Wien. Wer wissen möchte, wie Österreichs Hauptstadt wirklich lebt, atmet und riecht, der muss nur einsteigen und mitfahren. Auch wenn der Kebabgeruch mittlerweile durch das Essverbot (weitestgehend) eliminiert wurde, und selbst wenn einige der Geschichten über Wiens sagenumwobene U-Bahnlinie vielleicht doch nur Legenden sind, ist die U6 für die Wiener ein dankbares Thema: Jeder kann mitreden, und jeder hat diese eine, wahnwitzige Anekdote, die stets nach dem dritten Bier ausgepackt wird, und von der man selbst nicht so genau weiß, ob sie tatsächlich so stattgefunden hat. Ihr Ruhm reicht dabei weit über die Grenzen der Stadt bis hinein in entfernte Bundesländer. Manchmal beobachte ich Schülergruppen aus der Steiermark oder Tirol, die zum ersten Mal in ihrem Leben U6 fahren. Gespannt warten sie darauf, dass eine der vielen Anekdoten, die sie im fernen Spielberg oder Wörgl gehört haben, vor ihren Augen Wirklichkeit wird.

Vielleicht habe ich selbst einen kleinen Teil zur Bildung dieses Mythos beigetragen, schließlich bietet die U6 auch die Bühne für etliche Zitate meiner Wiener Alltagspoeten. Für dieses Buch habe ich aber beschlossen, das Zuhören sein zu lassen, das Mikrofon auf Pause zu stellen. Hier geht es nicht um die Geschichten der Menschen da draußen, sondern um die einer einzigen Person: von mir selbst.

Da die folgenden Beobachtungen im Lauf vieler Jahre erlebt wurden, wird in einigen von ihnen noch in Lokalen geraucht, in der U-Bahn gegessen und ohne Maske gefeiert. Manche der erwähnten Schauplätze sind mittlerweile umgebaut, renoviert oder abgerissen worden, sodass sie der eine oder andere jugendliche Leser vielleicht gar nicht erkennen wird. Ich nehme euch nicht nur mit quer durch die Bezirke Wiens, sondern auch durch die letzten zwanzig Jahre dieser Stadt – und meines eigenen Lebens. Wien ist geduldig, die Stadt lässt jeden in ihr leben und jeden über sie schreiben. Sie war Schauplatz so vieler Erzählungen, Theaterstücke, Filme und Romane. Unzählige kleine und große Kleinode sind von ihren Straßen aufgesammelt und festgehalten worden. Die folgenden Texte mögen deshalb im gesamthistorischen Kontext kaum ins Gewicht fallen. Vielleicht sind sie nur winzige Leuchtpunkte inmitten eines Lichtermeers an Erzählungen. Doch sie alle zusammen sind die Geschichten meines Lebens.

Wien hat viel zu erzählen. Doch wenn der Lärm der Stadt zu viel wird, setzt sogar der Wiener Alltagspoet manchmal die Kopfhörer auf.
Der Soundtrack zum Buch. The Naked And Famous – *Punching In A Dream*

Neue Donau: Das wahre Meer der Wiener

„In Afghanistan gibt es diesen See, nur zwanzig Minuten von Kabul entfernt. Wenn ich hier an der Donau sitze, die Augen schließe und einatme, dann glaube ich für einen Moment, wieder zu Hause zu sein", erzählt ein junges Mädchen mit Kopftuch in fast akzentfreiem Deutsch. Die ihr gegenübersitzende, deutlich ältere Dame zündet sich eine Zigarette an, ohne Feuerzeug, sondern den gerade erlöschenden Vorgänger verwendend. „Da is' sicher a schen", antwortet sie in breitem Wienerisch. Als Dritter in der ungleichen Runde sitzt ein Mann, der jünger ist als die Österreicherin, aber deutlich älter als die Afghanin. Sein Balkanakzent ist derart ausgeprägt, dass man genau hinhören muss, um die darin eingewobenen Worte herauszuhören. In seiner eigenwilligen Sprache, einer Mischung aus dem Aufbrausen des Balkans und der Verzweiflung des Ostens, erzählt er von der Donau, die in seiner Heimat sieben Kilometer breit ist, ein reißender Fluss statt des geordneten Wiener Dahinfließens. In seiner Kindheit hat er blankgewaschene Steine in die blauen Fluten geworfen und sich vorgestellt, dass das Wasser in seinen Händen nur ein paar

Tage zuvor durch Städte wie Regensburg, Passau und eben auch Wien geflossen ist. Niemals habe er gedacht, dass er einmal flussaufwärts ziehen würde. An seinem heutigen Sitzplatz reicht der Horizont der Donau gerade einmal zweihundert Meter bis zum gegenüberliegenden Ufer. Dennoch ist Wien hier weit und offen, für einen Augenblick das, was die Stadt so gerne sein möchte, ein Schmelztiegel der Kulturen, in dem man miteinander lebt, statt bloß nebeneinanderher. Er war oft traurig früher, erzählt er, doch seitdem er Vater geworden ist, hat er keine Zeit mehr dazu.

Einen Sitzplatz zu finden ist nicht einfach, der Boden ist so dicht mit Zigarettenstummeln übersät, dass man das von Hitze und Nikotin braun gewordene Gras unter meinem Handtuch rauchen könnte. Der Neusiedler See sei das Meer der Wiener, sinniert die österreichische Frau gerade. Das Mädchen aus Afghanistan war noch nie dort, sie kann sich das Zugticket ins Burgenland nicht leisten.

Nach einer Weile stehe ich auf und überquere die Brücke auf die Donauinsel. Im Corona-Sommer herrscht hier Festivalstimmung, alle Studenten der Stadt scheinen ihre Hängematten zwischen den Bäumen aufgehängt zu haben, sie haben sich damit arrangiert, die Ferien nicht in Buenos Aires oder New York zu verbringen. Ein illegaler Verkäufer schlendert zwischen den einzelnen Gruppen hindurch und bietet kalte Getränke an. „Sind die gratis?“, fragt ein junger Mann herausfordernd, woraufhin der Verkäufer seine Zigarette in den Mund steckt, um ihm mit der frei gewordenen Hand eine Bierdose zuzuwerfen. Ein paar hundert Meter weiter wird die Insel ruhiger, im Eissalon Da Ponte sitzen Pensionisten bei Kaffee und Kuchen, wofür es seit Jahrzehnten ein Sonderangebot gibt. Ich setze mich dazu und senke den Altersschnitt um ein paar Jahrzehnte. Während ich meine Melange trinke, spaziert die junge Afghanin vorbei. Doch sie erkennt mich nicht, denn sie blickt auf einen Punkt weit in der Ferne, in der irgendwo ihre alte Heimat oder vielleicht auch das Ufer des Neusiedlersees liegt.

🎧 Don Henley – *The Boys Of Summer*

PL CE
THE LOF

Spittelau: Träumen von Nowosibirsk

Über der Müllverbrennungsanlage thront ein sternenklarer Himmel, obwohl in Liesing längst alles verschneit ist. In einer kleinen Bar versteckt sich Wien vor der ersten Nacht eines langen Winters. Ein Mann mit britischem Akzent am Tisch gegenüber möchte seine junge Begleitung abschleppen. Daneben debattiert eine Gruppe Studenten mit gehobenen, vom Alkohol selbstsicher gemachten Stimmen über das Versagen der heimischen und internationalen Politik.

Ich hingegen spreche mit einer wunderschönen Frau über die Route der transsibirischen Eisenbahn, mit der ich nie fahren werde, in die ich mich aber für die Dauer eines Abends hineinträume. Allein von Moskau nach Nowosibirsk dauert es schon zwei Tage – das muss man sich einmal vorstellen, achtundvierzig Stunden im Zug. Ein weiterer Tag und man ist in Irkutsk, das kenne ich nur vom Risiko-Brettspiel aus meiner Kindheit. Erst fünf Tage danach erreicht man Peking. Die Kellnerin mit deutschem Akzent bringt ein frisches Glas Chardonnay und für einen Augenblick irritiert es mich, dass ich hier nicht auf Wienerisch bedient werde. Doch wer nach Nowosibirsk will, muss auch mit einer deutschen Kellnerin fertigwerden.

Der Herr am Nebentisch setzt sein Wodkaglas an den Mund, trinkt es in einem Zug aus und spült das klare Getränk mit einem kräftigen Schluck Bier herunter, ohne einen Mundwinkel zu verziehen oder von seiner Zeitung aufzublicken. Es ist mittlerweile so verraucht, dass es überhaupt keinen Sinn mehr macht, sich keine Zigarette anzuzünden. Weit nach Mitternacht ist die Bar an einem Montagabend voll und keiner fragt hier nach der Uhrzeit oder gar dem Morgen. Was wohl die Leute in Irkutsk gerade machen und ob es dort wenigstens manchmal genauso wunderbar ist wie hier? Ich hoffe es für die im fernen Russland Lebenden, während wir in Wien auf die Straße hinaustreten.

Endlich hat es auch in Spittelau zu schneien begonnen, es war also doch kein Fehler in den Sternen. Was wäre, wenn wir wirklich morgen in den Zug steigen und aufbrechen würden? „Kommt es dir nicht seltsam vor, dass wir immer darüber reden, alles anders zu machen, und dann doch jeden Tag hier sitzen in dieser

Bar oder einer anderen?", fragt mich meine Begleitung. Sie hat einen wehmütigen Zug um die Augen, so als hätte sie etwas verloren und wüsste nicht, was.

Die U-Bahnstation leuchtet blau zwischen all dem Weiß, ich muss in Richtung Siebenhirten, sie nach Floridsdorf, uns trennen Welten. Gleich wird es so weit sein, der erste Zug wird einfahren und wir werden voneinander fortgerissen. Doch die Anzeige am Gleis ist abgeschaltet, erst jetzt realisieren wir, dass es nach Mitternacht ist, obwohl wir das doch schon vorher gewusst haben müssen. Dankbar gehen wir zurück, während der Wind unsere Spuren im Schnee verweht, um ein paar weitere Stunden davon zu träumen, mit der transsibirischen Eisenbahn in die fernen Weiten zu fahren.

🎧 16 Horsepower – *Nobody Cept You*

Nussdorfer Straße

Kontrolleur:
"Die Fahrausweise, bitte"

Fahrgast:
"I hob kan – i sogs glei"

Nussdorfer Straße: Rauschzustände

Als weißer österreichischer Mann in Wien zu leben ist wie ein Videospiel zu spielen, das man schon mehrmals durch hat: Man muss sich nicht groß anstrengen, aber wirklich aufregend ist es auch nicht mehr. Um sich den Kick zu holen, den Schwierigkeitsgrad zu erhöhen, muss man kreativ werden: In meiner Studentenzeit war ich deshalb leidenschaftlicher Schwarzfahrer. Der Einsatz war niedrig, denn das Semesterticket wäre quasi geschenkt gewesen. Doch darum ging es nicht: Während andere den Mount Everest besteigen, eine Bank ausrauben oder die Freundin betrügen, war meine Droge das Schwarzfahren.

Wie ein Spielsüchtiger im Casino war auch ich der Überzeugung, das System durchschauen zu können. Der Legende nach gab es gewisse Erkennungsmerkmale bei den Kontrolleuren, nach denen man Ausschau halten konnte: Sie mussten eine Tasche am Körper tragen, hieß es, um die für die Kontrolle nötigen Utensilien zu verstauen. Außerdem seien sie so unauffällig gekleidet, dass man sie gerade daran erkennen könne. Jahrelang hielt sich das – im Rückblick vollkommen irrationale – Gerücht, sie würden niemals in den ersten oder letzten Waggon einer Garnitur einsteigen, so als würden diese ein unsichtbares Schutzschild für Schwarzfahrer bilden.

Meine allererste Fahrscheinkontrolle passierte zwischen der Nussdorfer Straße und Spittelau. Ich hatte meine Vorsicht schleifen lassen, weil ich mit dem Verzehr einer Käsesemmel beschäftigt war. Hätte es damals schon ein Essverbot gegeben, wäre alles anders gekommen. Mit fester Stimme ertönte der von allen Schwarzfahrern dieser Welt gefürchtete Schlachtruf der gegnerischen Einheit durch den Innenraum: „Die Fahrausweise, bitte." Sie waren zu zweit, ich saß in eine Ecke des Waggons gedrängt, es gab kein Entkommen. Fahrgast für Fahrgast arbeiteten sich die Henker vor, meine Mitfahrenden zeigten gehorsam ihre Ausweise vor.

Schließlich war ich an der Reihe. Resignierend hob ich die Hände, wurde aber von meinem Sitznachbarn unterbrochen, einem Mann mit Schnurrbart und verschränkten Armen. „I hob kan – i sogs glei", sprach er mit der Gleichgültigkeit des Todgeweihten. Sein Untergang war meine Rettung, denn jeder Schwarzfahrer weiß, sobald ein Opfer gefunden ist, werden alle anderen verschont. Der Zug hielt in der nächsten Station, mit einem leisen „Verzeihung“ drängte ich mich an der bereits vonstattengehenden Urteilsvollstreckung vorbei und verließ das Gefährt in Richtung Freiheit.

Draußen atmete ich den Kaffeeduft einer nahen Bäckerei ein, die Sonne schien stärker als jemals zuvor durch die Ritzen der Dunkelheit. So musste sich ein Häftling fühlen, der gerade aus dem Gefängnis entlassen worden war. Heute fahre ich mit Jahreskarte durch die Stadt, zwar ohne der drohenden Gefahr des Erwischtwerdens, aber das Licht in den U-Bahn-Stationen hat seither nie wieder so grell geleuchtet.

Arcade Fire – *No Cars Go*

MA 29
Brückenbau und Grundbau
RÄDER
ANKETTEN
VERBOTEN

Michelbeuern: Schlaganfälle und Traummaschinen

Zwei ältere Herren betreten das Lokal und setzen sich neben mich an die Bar. Der eine wartet nicht einmal ab, bis er sitzt, sondern zündet sich schon mitten im Raum stehend eine Zigarette an. Der Kellner scheint die beiden zu kennen und platziert zwei Bieruntersetzer vor ihnen auf der Bar. „Die kannst dir heute sparen", ruft ihm der eine entgegen und fügt mit herausforderndem Blick hinzu: „Eine Melange." Der 5. Jänner ist ganz einfach noch zu früh im Jahr, um alle guten Vorsätze über Bord zu werfen.

„Und, wie geht's ihm?"

„Schlecht."

„Kann er gehen?"

„Ein paar Schritte. Er hat vierzig Kilo verloren an Muskelmasse, jetzt hauts ihm natürlich den Kreislauf zam, sobald er aus dem Bett aufsteht."

Der Kellner fängt lauthals an zu lachen, über etwas, was ihm sein Kollege erzählt hat. Die beiden unterhalten sich in hoher Lautstärke auf Serbisch weiter, auch das Küchenpersonal lauscht andächtig. Ein Gastronom hat mir einmal erzählt: Sobald man sich als Wirt beim Personal auf eine

Nationalität festgelegt hat, kommt man aus dieser nicht mehr heraus. Die Kollegen empfehlen bei jeder Mitarbeiterfluktuation stets jemand aus ihrem Bekanntenkreis, man bleibt auch hier unter sich. Wenn man sich als Chef dann nicht die Mühe macht, deren fremde Sprache zu erlernen, ist man beim Schmähführen außen vor.

„Gut, mit siebzig ist ein Schlagerl halt auch kein Schluckauf mehr", meint der Herr neben mir und nimmt einen Zug von seiner Zigarette, der fast ein Viertel von deren Gesamtlänge wegbrennt, so als müsste er den fehlenden Alkoholkonsum durch das Inhalieren von umso mehr Nikotin wettmachen. „Sag ihm auf jeden Fall schöne Grüße von mir. Wo liegt er denn überhaupt?"

„Gleich hier im AKH. Erst wollten sie ihn zu den Barmherzigen Brüdern bringen, aber da hat er im Rettungswagen so angefangen zu schreien und toben, dass die Sanitäter ihn hierher gefahren haben."

„Warum denn das?"

„Der Herbert hat mir erzählt, sie haben dort irgendwann einmal irgendeinem Schwager versehentlich einen Hoden amputiert."

„Ah geh, so eine Geschichte gibts von jedem Wiener Spital", meint der Alte, legt die Zigarette auf den Aschenbecher und zieht sein Hemd hoch.

„Schau her, siehst all die Narben? Ich hab schon jede Operation gehabt, die es gibt, und mir habens immer genau das Richtige rausgeholt."

Ich gehe auf die Toilette – und an einem Tisch vorbei, auf dem die Skizze einer wundersam aussehenden Maschine liegt. Sie sieht aus wie von Kinderhand gezeichnet, doch an dem Tisch sitzt ein junge Frau, die für die Uni zu lernen scheint und das Kunstwerk gar nicht weiter beachtet. Ich frage sie, was das auf dem Papier sein soll, und sie erklärt mir, dass es ein Gerät sei, das Träume reinigen kann. Sie hat es für ihren Freund konzipiert, weil dieser seit ein paar Wochen unter schrecklichen Alpträumen leidet.

Als ich vom WC zurückkomme, bezahle ich meinen Kaffee. Zum Abschied winke ich dem Mädchen mit der Traumreinigungsmaschine zu und wünsche den zwei alten Herren ein frohes neues Jahr. Sie grüßen freundlich zurück und auch das Mädchen lächelt mich an. Vor dem Lokal ist immer noch Frühling, irgendjemand hat wohl auf den Winter vergessen, denke ich mir, während ich Richtung U-Bahn-Station marschiere und mir denke, dass es ein gutes neues Jahr werden könnte.

🎧 Voodoo Jürgens – *Gitti*

Alser Straße: Zwei Happy Hours und eine Mondfinsternis am Wiener Gürtel

Auf einem verbogenen Kartonaufsteller werden zwei Happy Hours angekündigt: eine von 19 bis 21, die zweite von 22 bis 24 Uhr. Eine Gruppe Engländer sitzt an einem der Tische. Während die U6 planmäßig ein paar Meter über ihren Köpfen vorbeirauscht, nippen sie vorsichtig an ihren Gin Tonics, etwas verwundert darüber, dass so wenig los ist. „Haben Sie Wien schon bei Nacht gesehen?", singt Reinhard Fendrich über die alten Lautsprecher, doch die Briten verstehen ihn nicht. Es ist eines dieser Gürtelbögenlokale, dessen Namen man sich nie merken kann, obwohl man immer wieder dort landet. Das Fluchtachterl erfüllt hier tatsächlich seine Bestimmung als letzter Drink des Abends. An Bilder wie diese denken junge Touristen aus Berlin und Amsterdam, die zwei Tage auf Besuch kommen und die Stadt für die langweiligste der Welt halten. Man möchte sie hinauszerren, in das verzauberte Wien aus *Be-*

yond Sunrise und dem *Dritten Mann*, weg vom ernüchternden *Sound of Music*.

Ein junges Mädchen sitzt neben mir. Ihr Freund hat heute mit ihr Schluss gemacht, und für ein zwanzigjähriges Leben bedeutet das zumindest einen Abend lang das Ende. Sie erzählt mir, dass er doppelt so alt ist wie sie, aber nur halb so erwachsen. Zwölf Monate sind sie zusammen gewesen, nie haben sie etwas unternommen, getroffen haben sie sich fast ausschließlich bei ihm oder ihr zu Hause, um Wein zu trinken und miteinander zu schlafen. Nur einige wenige Male haben sie sich in der Stadt verabredet, und dann immer in schäbigen Bars wie dieser, wo er sicher sein konnte, dass niemand ihn kannte. Genau an diesem Tisch hat sie ihn an einem dieser kostbaren Abende gefragt, ob er sich schon einmal überlegt habe, wo der Mond herkommt. Ja schon, habe er geantwortet, aber eigentlich reiche es ihm zu wissen, dass er immer da sei. Sie wusste nicht, ob das nun pragmatisch oder poetisch auszulegen war.

Warum man mit jemand zusammen ist, für den man sich schämt, möchte sie von mir wissen, aber diese Frage kann ich ihr auch nicht beantworten. Sie zündet sich eine Zigarette an und blickt durch das verdreckte Fenster der Bar hinaus in die scheinbar endlose Ferne des Asphalts, obwohl diese bereits am Häuserblock der gegenüberliegenden Straßenseite endet.

Die Eingangstür öffnet sich, der Exfreund des jungen Mädchens tritt ein. Immer noch sind alle da und sehen nun von ihren Getränken hoch. Im Unglauben darüber, dass hier heute doch noch etwas passiert, erwachen auch die Briten aus ihrer Totenstarre. Der Exfreund steht in der Tür und wird von den Scheinwerfern der vorübergleitenden Autos in ein gleißendes, schnell wieder verlöschendes Licht getaucht. Er wirkt unsicher, als er an unseren Tisch tritt, so als wäre er es, der gerade erst dem Teenageralter entwachsen ist, und nicht sie. Die beiden sehen sich an, keiner spricht ein Wort.

Nachdem alles gesagt ist, streckt er seine Hand aus, nach einem winzigen Zögern ergreift sie diese. Erst jetzt setzt er sich. Es ist Mitternacht, obwohl die zweite Happy Hour vorbei ist, bestellt er noch einen Drink, während ich meinen austrinke und die Engländer und alle anderen sich bereit machen, nach Hause zu gehen.

🎧 Rainhard Fendrich – *Haben Sie Wien schon bei Nacht gesehen*

Josefstädter Straße

Frau mit Gehhilfe will auf Behindertenplatz

Frau mit Gehhilfe:
"Hallo"

Frau am Behindertenplatz:
"Ja wos hallo?"

Josefstädter Straße: Am Brunnenmarkt

Am Vorplatz der U-Bahnstation steht eine Ansammlung Obdachloser. Sie trinken Bier aus Aluminiumdosen und unterhalten sich, einer hat sogar einen Klappstuhl mitgebracht. Wäre es nicht so windig und kalt, könnte man meinen, es handle sich um eine Gruppe von Festivalbesuchern, die ein paar Tage draußen zelten, billiges Bier trinken und eine gute Zeit haben. Doch auf diese Menschen wartet kein warmes Bett am Ende des Campingwochenendes, sie sind nicht freiwillig hier, sondern weil sie nirgendwo anders hin können. Im Vorbeigehen bemerke ich, dass es sich nicht um eine geschlossene Gruppe handelt, sondern um viele kleine, nach Herkunftsländern aufgeteilte und voneinander abgesonderte Einheiten.

Ich überquere den Gürtel und betrete den Brunnenmarkt. Eine zierliche asiatische Frau steht vor einem Stand, an dem gewaltige Stücke roher Innereien angeboten werden. Mehrmals versucht sie, die Aufmerksamkeit des Verkäufers zu gewinnen, doch dieser starrt wie gebannt auf sein Handy. Immer wieder wirft sie ihm ein mit jedem Mal verzweifelter werdendes „Hello, hello“ über die Verkaufstheke zu. Als er endlich zu ihr aufblickt, ruft sie nur „Liver“, wundersamerweise nickt der Mann ihr wissend zu. Sorgfältig verpackt er ein gewaltiges Stück Fleisch in einem Plastiksackerl, die Prozedur erinnert an eine gehäutete Schlange, die in ihre verloren geglaubte Ummantelung zurückkehrt.

Ein paar Meter weiter werden Jogginghosen um fünf Euro verkauft, der Bedarf scheint groß, jeder zweite Marktbesucher trägt eine davon. Neben all den türkischen, arabischen und syrischen Ständen leuchtet der 16er-Würstelstand als scheinbar letzte heimische Bastion durch den Markt. Einige ältere Herren haben sich davor versammelt und verzehren trotzig ihre Käsekrainer. Das Kauen der durch das stundenlange Liegen im eigenen Fett zäh gewordenen Würste erscheint wie ein Akt der Rebellion gegen die Übernahme des Fremden um sie herum.

Rasch gehe ich weiter, vorbei an ein paar Holzbänken, von denen der Lack schon vor Jahren abgeblättert ist, sodass man die ursprüngliche Farbe kaum mehr erkennen kann. Offenbar wurden all die modernen Sitzgelegenheiten für die Neugestaltung der Mariahilfer Straße auf der anderen Seite des Gürtels verwendet. Hier im vergessenen Ottakring sitzen Osteuropas alte Frauen versammelt, um sich gegenseitig ihr Leid zu erzählen. Ich muss ihre Sprache nicht sprechen, um das Wehklagen darin zu verstehen.

Mit einem Mal beginnen alle Händler um mich herum, aufgeregt durcheinanderzurufen. „Minus fünfzig Prozent", schallt es, gerufen aus dutzenden Kehlen, durch das Marktgelände, während die ersten bereits beginnen, ihre Waren einzupacken, in einem Wettlauf gegen den Sonnenuntergang. Schnell bahne ich mir einen Weg durch die nun in Scharen herbeigelaufene Kundschaft, um selbst noch ein paar Paradeiser zu ergattern, bevor sich der Brunnenmarkt den strengen Vorschriften der Wiener Marktordnung beugen muss.

🎧 Sigur Rós – *Glósóli*

Sturm
1/4
3,60
Most
Kalbs
Beuschel
mit
Knödel
11,-
Gut. Besser.
Gösser

Thaliastraße: Im Chelsea geht die Nacht zu Ende

Es gibt eine unausgesprochene Regel unter Feiernden, nach der jede Wiener Nacht im Chelsea enden muss. Wer den Fehler begeht, hier nicht erst deutlich nach Mitternacht zu erscheinen, sitzt oft allein vor der rauchenden Kellnerin. Doch wie kein anderes Lokal kann das Chelsea innerhalb von dreißig Minuten zwei Gänge raufschalten. Rom mag die ewige Stadt sein, doch das Chelsea ist das ewige Gürtellokal. Wenn die Schwelle des Vorglühens lang überschritten ist, doch der Absturz noch erfolgreich hinausgeschoben werden kann, schlägt seine Stunde.

Heute haben wir alles richtig geplant, die Ankunftszeit und den Grad der Betrunkenheit. Meine Begleitung ist ein Student aus Amerika, er ist fassungslos über die Playlist des DJs, die ausschließlich aus Indie- und Britpop-Hits besteht, die in seiner Heimat nur mehr auf Oldie-Sendern zu hören sind. Ich beuge mich rüber und rufe ihm über die Lautstärke von *Champagne Supernova* zu, dass diese Songs in den Stein des Chelsea-Gemäuers gemeißelt wurden, vor

Jahren, womöglich Jahrzehnten, und so lange ist auch der Mann hinter den Turntables schon derselbe. Stoisch steht er auf seiner Kanzel und wechselt Wochenende für Wochenende die immer gleichen CDs, mit Hymnen, die in Kalifornien oder Bristol geschrieben wurden, Städte, die er womöglich nie besucht hat, deren Rhythmen sich dennoch in die grauen Haare seines Bartes eingegraben haben.

Alles bleibt hier gleich, und genau deshalb lässt sich sofort der Schalter umlegen. Jeder folgt einem unsichtbaren Drehbuch, geschrieben in tausenden Wiener Nächten: eine Runde Wieselburger bestellen; auf der Tanzfläche mithüpfen, auf der alle, wirklich alle Menschen schwer betrunken sind, ja sein müssen. Fällt der Promillebereich auch nur um wenige Bruchteile, würde die Selbstreflexion zuschlagen, man würde anfangen, darüber nachzudenken, dass man eigentlich zu alt, zu jung, zu hip oder zu sehr Österreicher ist, um für einmal alle Hemmungen abzulegen, zu feiern und sich gehen zu lassen. Denn das Wiener Nachtleben ist eine launige Diva, meistens zu vornehm, um sich wirklich gehen zu lassen, aber wenn sie sich doch zu einem Tänzchen auffordern lässt, dann brennt es lichterloh.

Ein Mädchen lächelt mich an und fragt mich, ob ich alle Liedtexte auswendig kenne, ich muss minutenlang lautstark mitgegrölt haben. Ohne eine Antwort abzuwarten, stellt sie mir ihre Freundin vor, die zu schüchtern war, mich anzusprechen. Weil ich sie kaum verstehe, gehen wir hinaus vor die Tür, wo sie sich eine Zigarette anzündet und mir anschließend die Packung hinhält. Kurz zögere ich, doch dann sehe ich das erste Licht des Tages über dem Gürtel aufgehen und die eiskalte Nacht vertreiben. Mit einem Ruck ziehe ich eine Zigarette heraus, lasse mir Feuer geben und warte mit ihr auf den Sonnenaufgang.

🎧 Oasis – *Champagne Supernova*

Burggasse

Herr mit Zeitung:
"Sternzeichen?"

Fremder Fahrgast:
"Krebs"

Herr mit Zeitung:
"Na, des schaut ned guat aus"

Burggasse: Zwischen Abgrund und Jenseits

Wer bei der Burggasse aussteigt, steht an einer Kreuzung: rechts das hippe Neubau inklusive seiner veganen Burger und Milchschaumgetränke mit Kaffeegeschmack. Links die Hölle der Lugner City. Es ist genau dieser Tanz auf dem Abgrund, der Wien von auf den ersten Blick ähnlichen, aber doch sterbenslangweiligen Städten wie München oder Zürich unterscheidet. In Wien wirft man mit Prunk um sich, während zwanzig Meter weiter bereits die Welt untergeht.

Das Café Weidinger findet einen Kompromiss zwischen all dem. Mit seinen weißen Oma-Vorhängen und den seit der Eröffnung niemals ausgewechselten Sitzgelegenheiten ist es schäbig genug, um auch die schicksten Hipster der Stadt zu entzücken. Sie sitzen Hornbrille tragend vor dem dünnen Kaffee, während die Sandler am Nebentisch Spritzwein um ein paar Euro genießen. Das Innere des Lokals ist weitläufig, es erscheint geradezu endlos. Im Keller verbirgt sich eine Kegelbahn, in der nie jemand spielt, niemand weiß, ob sie noch funktionstüchtig ist oder bereits vor Jahrzehnten aufgegeben wurde. Ganz hinten im Obergeschoß versteckt sich ein lauschiger Gastgarten, der jedoch selbst im Hochsommer oft verwaist ist. Denn alles drängt sich im ehemaligen Raucherbereich, gleich beim Eingang, auf der Suche nach Nähe in der Verlorenheit Wiens, oder in der vergeblichen Hoffnung, sich hier doch noch eine Zigarette anzünden zu dürfen. Doch man braucht diese gar nicht, wer tief genug einatmet, kann das jahrzehntealte Nikotin inhalieren, das für alle Ewigkeit in dem Stoff der Vorhänge und dem knarrenden Holz des Parkettbodens gespeichert ist.

Vier ältere Herren tarockieren am Stammtisch. Sie sind jedes Mal hier, wenn ich herkomme, und wie immer würde ich mich gerne zu ihnen setzen und mitspielen, auch wenn ich die Regeln des Kartenspiels, die mein Vater mir einst als Kind beigebracht hat, längst vergessen habe. Der hintere Raum ist kalt und verwaist, nur ein einsames Paar sitzt an einem der abgelegenen Tische. Sie können weder zu ihm noch zu ihr, denn dort warten ihre jeweiligen Partner.

Ich reiße mich los, überquere die Straße und nehme die Rolltreppe hinauf in den Abgrund.

Die Lugner City ist der Boden der Stadt, und gerade deshalb einer ihrer wundersamsten Orte. Hier reden die Jugendlichen wie deutsch-türkische Hip-Hopper auf Youtube, an Wochenenden wettern die Parteichefs der FPÖ auf der Bühne vor dem Supermarkt gegen Zuwanderung, während die versammelte Menge mit Migrationshintergrund zustimmend auf den Balkonen nickt.

Plötzlich taucht Richard Lugner auf, der Besitzer des Einkaufszentrums. Er schreibt Autogramme und fragt mich, ob ich auch eines haben möchte, doch ich habe nichts zum Signieren dabei. Zuvorkommend reicht er mir eine Karte und verewigt seinen Namen darauf. Neben ihm steht eine um viele Jahrzehnte jüngere Dame, die ohne jemals aufzublicken in ihr Handy versunken ist. Ich verabschiede mich vom alten Baumeister, doch dieser schenkt seine Aufmerksamkeit schon längst einem anderen Besucher.

🎧 Naked Lunch – *The Sun*

Westbahnhof: Der Anfang der Welt

Eine Gruppe asiatischer Männer belegt mehrere Tische im Sitzbereich des Westbahnhof Food Court. An den Nebentischen halten sich vorwiegend Jugendliche auf. Die Asiaten trinken Ottakringer, die Jugendlichen Energydrinks. Außerhalb der schützenden Mauer der Essensplätze steht ein Mann, der aus einer offenen Wunde auf seinem kahlgeschorenen Haupt blutet. Um ihn herum strecken ihm Passanten Pflaster entgegen. Der Verwundete lächelt abwesend und blickt an ihnen vorbei in die Ferne.

Als Kind war der Westbahnhof für mich das Ende Wiens und der Anfang der Welt. Von hier aus schienen Züge nach überallhin zu fahren: Budapest-Keleti, Hamburg-Altona oder Tullnerbach-Pressbaum – jede dieser Destinationen erschien mir damals ungeheuer exotisch. Heute blicke ich auf die Abfahrtsmonitore der ÖBB, die im gleichen Maß moderner geworden zu sein scheinen, wie die Fahrtziele näher gekommen sind. Amstetten, Unter-Purkersdorf, St. Pölten – die Welt jenseits des Westbahnhofs ist klein geworden.

Auch vor der Degradierung vom altehrwürdigen Bahnhof zum modernen Einkaufszentrum war der Westbahnhof immer schon mehr als ein Ort des Transits. Insbesondere an Sonntagen, wenn der Rest der Stadt geschlossen war, kam man nicht hierher, um wegzufahren, sondern um zu bleiben. Mit dem Vorwand, sich ein paar Semmeln zu holen, zögerte man den Aufenthalt längstmöglich hinaus, um für ein paar Augenblicke nicht ganz allein zu sein in der weiten Stadt. Der alte Westbahnhof lag in einer Zwischenwelt, gleich einem Abbild der Wiener Seele, die sich nach überstandenem Alkoholrausch langsam und unrasiert wieder erheben möchte, um es dann doch bleiben zu lassen; die Augen nicht ganz aufmacht, sondern sich stattdessen zurück in den Schlaf sinken lässt.

Mit dem Umbau klingelte aber endgültig der Wecker, der rußgeschwärzte Putz wurde abgetragen und innen kräftig durchgefegt. In der 2012 zum schönsten Bahnhof Österreichs gewählten Halle kann man Caffé Latte trinken, giftig süße Bubble-Tea-Perlen im Mund aufplatzen lassen oder ein neues Bücherregal kaufen. Nur der Einsamkeit entfliehen lässt es sich seitdem nicht mehr so schön wie zuvor.

Die Bahnhof City, wie der Westbahnhof nun heißt, könnte in jeder anderen Stadt der Welt stehen, nur beim Rausgehen, wenn einen die Hässlichkeit des Europaplatzes erschlägt, kehrt eine wohlige Erinnerung an vergangene Zeiten zurück.

Ich schließe die Augen und versuche mir das Bild der alten Westbahnhof-Halle in Erinnerung zu rufen, doch das Licht der umliegenden Geschäfte ist so grell, dass es durch meine geschlossenen Augenlider dringt und alle Erinnerungen auslöscht. In diesem Moment kommt auch der blutende Mann heranspaziert. Seine Wunde ist notdürftig mit zwei Pflastern versorgt, eines davon hängt allerdings schon wieder lose herab, doch er scheint es nicht zu bemerken, während er auf den Bahnsteig marschiert und ich ihn in der Ferne aus den Augen verliere.

Porridge Radio – *7 Seconds*

Moon River im Westend

Eine Dame mittleren Alters hustet, als ob sie den Staub des gesamten Gürtels eingeatmet hätte, der sich nur zwei Meter neben ihr hinter dem dicken Lärmschutzglas vorbeischlängelt. Der Mann an ihrer Seite klopft sich lachend auf die Schenkel und zieht sie zu sich herüber. „Heast, Liesl, trink an Sliwowitz, dann gehts wieder", schreit er der direkt neben ihm, vom Hustenanfall gekrümmt auf der Bank liegenden Frau ins Ohr.

Der japanische Klavierspieler setzt ungerührt mit *Moon River* fort – er würde auch nicht aufhören zu spielen, wenn neben ihm die Titanic untergehen würde. Es scheint nicht unwahrscheinlich, dass er zur Zeit dieses Unglücks auch schon am Flügel des Café Westend gesessen und Leuten beim Husten zugesehen hat. Dabei hat er wenige Minuten zuvor noch stoisch am Nebentisch ein Butterkipferl verspeist, begleitet von einem großen Braunen, bevor er sich erhoben, die Brösel vom schwarzen Anzug geklopft und auf dem Schemel neben dem großen Flügel Platz genommen hat. Früher hätte mir das Lied gut gefallen, doch heute berührt es mich nicht mehr. Wenn Musik unwichtig wird, weiß man, dass man erwachsen geworden ist.

Grau und von der Zeit vergessen, markiert dieses Kaffeehaus nicht nur das Ende der Mariahilfer Straße, es ist auch das Ende Wiens, denn dahinter liegt das Grenzgebiet und der fünfzehnte Bezirk. Alles, was sich jenseits von hier befindet, scheint sowieso verloren. Ein Tourist, der erschöpft von einer langen Anreise aus dem Zug ins erstbeste Lokal in Bahnhofsnähe taumelt, mag entsetzt sein vom Westend und seiner Schäbigkeit. Vielleicht lässt er sich aber auch fallen, bestellt gerührt von der Zeitlosigkeit dieses Orts eine Melange, eine Facette der Welt genießend, die es eigentlich gar nicht mehr geben kann. Hier ist der Frack des Kellners keine Show, sondern Normalität, auch wenn es in der Welt der Besucher dieses Cafés keine Kleiderordnung gibt.

Als Wiener geht man erst ins Westend, wenn die Sonne untergegangen und der Rausch vom Vortag ausgeschlafen ist. Zwischen Bierflaschen und Rotweingläsern trauen sich dann die Rastlosen der Stadt hervor. Sie treffen sich zum Kartenspielen, um den Frust eines ganzen

Lebens runterzuspülen oder um, getrieben von Schnaps und Einsamkeit, einen Bestseller zu schreiben. Egal, wer und wozu man gekommen ist, das nächste Achterl wird für jeden gleich eingeschenkt.

Die Dame hat sich mittlerweile von dem Hustenanfall erholt, ihr Mann hilft ihr in den Mantel und sie machen sich bereit zu gehen. Ich blicke ihnen nach, bis sie die Dunkelheit des Gürtels vor der Tür verschluckt und sie im Lärm der vorbeifahrenden Autos untergehen. Eine Kellnerin fragt mich, ob das leere Häferl am Nebentisch mir gehört. Ich schüttle langsam den Kopf und zeige auf den Klavierspieler, der zuvor daraus getrunken hat. Sie lächelt mich zum ersten Mal an diesem Abend an, sagt etwas, das ich nicht verstehe, und geht davon, während das leere Häferl unberührt stehen bleibt und auf den nächsten Kellner der Nacht wartet.

🎧 Henry Mancini – *Moon River*

Längenfeldgasse: Von Hietzing nach Wien

Von Westen kommend gibt es diesen Punkt, an dem man das biedere Habsburgerreich verlässt und das wilde Wien betritt. Die Pforte liegt genau an der U-Bahn-Station Längenfeldgasse: Hier geht das Licht aus, die kaiserliche Vorortlinie U4 kreuzt das Vehikel des kleinen Mannes: die U6. In keiner anderen Metropole der Welt kann man innerhalb nur so weniger Augenblicke zwischen den Welten wechseln.

Für viele geht dieser Übergang unbemerkt vonstatten. Doch meine dreiundachtzigjährige Nachbarin hat jedes Mal Angst vor dieser Fahrt, die sie einige Male im Jahr antreten muss. Als ich sie an diesem Tag im Stiegenhaus treffe, kommt sie gerade zurück aus der weiten Welt jenseits von Schönbrunn. Bereitwillig erzählt sie mir von dem Wahnsinn, der da draußen herrscht.

Auf der Meidlinger Hauptstraße habe sie ein Mann niedergerannt, beschweren konnte sie sich nicht, denn keiner der umstehenden Passanten verstand ihre Sprache. Wie in Istanbul fühlte sie sich dort, auch wenn sie noch nie in der Türkei gewesen ist, aber genau so stellt sie es sich vor. Der einzige Grund, ins ferne Meidling zu fahren, sei ihre Freundin, die in den Untiefen des zwölften Bezirks eine Wohnung gefunden hat, die sie mit ihrer Mindestpension gerade so bezahlen kann. Doch ist es das wert, möchte meine Nachbarin von mir wissen, während sie mich durchdringend, fast flehend anblickt, auf der Suche nach einer Antwort, die ich ihr nicht geben kann.

Auch der tapferen Freundin stellt sie diese Frage bei jedem Besuch, wenn sie gemeinsam auf dem geräumigen Balkon der hellen, modernen Neubauwohnung sitzen, unter der das Leben Meidlings vorbeizieht. Doch die Besitzerin stört das multikulturelle Treiben vor ihrer Haustür nicht. Seitdem die Ausgangssperren gelockert wurden, geht sie ohnehin kaum mehr auf die Straße – nicht aus Angst, sich mit Corona zu infizieren, sondern weil sie prinzipiell keine Menschen mag, sie unterscheidet dabei nicht zwischen Aus- und Inländern. Von hier oben im fünften Stock sehen ohnehin alle gleich aus.

Gemeinsam öffnen sie die Verpackung der Konditorei Oberlaa, es gleicht einer kleinen

Zeremonie, deren Ingredienzien meine Nachbarin jedes Mal mitbringen muss, denn diese vermisse die Meidlinger Freundin schon, so etwas Hochwertiges gäbe es dann doch nicht in diesem fremden Bezirk. Einmal war sie in einer türkischen Bäckerei, doch das dort angebotene Dessert, eine Speise namens Baklava, sei ihr viel zu süß gewesen. Nun lässt sie sich Kuchen vom Lieferservice ihres Supermarktes zustellen, dieser sei zwar in Ordnung, aber natürlich keine Bananenschnitte aus dem Dommayer.

Nach spätestens einer Stunde wird meine Nachbarin nervös, sodass sie lange vor Einbruch der Dunkelheit zusammenpackt und aufbricht, um halbwegs sicher nach Hause zu kommen. Auch dieses Mal hat sie es wieder geschafft und steht nun vor mir im Stiegenhaus in Hietzing. Wie jedes Mal hat sie auch mir etwas aus der Konditorei mitgebracht. Dankbar verabschiede ich mich und blicke ihr nach, während sie die letzten Stufen zu ihrer Wohnung nimmt, mit erleichtertem Gesichtsausdruck darüber, dass sie endlich zurück ist in der Ruhe und Geborgenheit Hietzings.

🎧 Wiener Blond – *Der letzte Kaiser*

Tscherttegasse

Frau:
"Die Tscherttegasse ist
La strada del sole"

Tscherttegasse: Helden von übermorgen

„Hurenkind, du Scheißkreatur, geh sterben", tönen die Schlachtgesänge der Fankurve eines Meidlinger Fußballvereins über den nebelverhüllten Rasen. Die etwa fünfzig Fans im Block fallen nicht nur durch ihre Wortwahl, sondern auch durch ihren Kleidungsstil auf: Ein junger Mann trägt eine schwarze Jogginghose, die so tief heruntergezogen ist, dass man fast die Hälfte seiner rosafarbenen Boxershorts darunter sehen kann. Weiße Unterhemden erfreuen sich bei den Meidlinger Patrioten großer Beliebtheit und werden auch bei null Grad Außentemperatur stolz präsentiert. Ein Herr mittleren Alters steht etwas verloren neben dem Fanblock. Er hat eine Österreichfahne in seine Jacke eingenäht und stimmt immer wieder in die Schlachtgesänge mit ein, beschimpft aber manchmal auch individuell die gegnerischen Spieler oder den Schiedsrichter.

Ich lenke meine Aufmerksamkeit vom Publikum aufs Spielfeld. Als die Gastmannschaft mit der ersten Torchance kurz vor der Halbzeit in Führung geht, tritt der Einpeitscher der

Heimfans mehrmals mit aller Wucht gegen das Geländer der Stehtribüne vor ihm. Der Herr mit der eingenähten Österreichfahne schüttelt mit leerem Blick, enttäuscht von Spiel und Leben, den Kopf. Der kleine Haufen mitgereister Auswärtsfans entzündet ein einsames bengalisches Feuer, wohl weniger aus tatsächlicher Begeisterung, sondern weil man den verbotenen Pyrotechnikartikel beim Verlassen des Stadions nicht noch einmal an den Securitys vorbeischmuggeln möchte. Die große Fußballbühne ist hier ähnlich weit entfernt wie Meidling von Madrid. „Des san olles Woarme", krächzt eine ältere Frau neben mir in ihr Handy.

In der Halbzeitpause hole ich mir einen hart erkämpften gigantischen Käsekrainer um vier Euro, der längst eiskalt ist, bis ich ihn auch nur zur Hälfte verspeist habe. Beim Wiederanpfiff hallen „Meidlllling"-Sprechchöre durch die Arena. „Dei Mutter is a Hur", grölt jemand hinter mir, ein paar Zuseher drehen sich um und schenken dem Schreihals ein fast zärtliches Lächeln. Neben mir stehen zwei Männer, die fünf volle Plastikbecher neben sich aufgereiht haben. Zwei davon verschütten sie innerhalb der nächsten Minuten während eines Wutausbruchs aufgrund einer vergebenen Torchance.

Nach dem Schlusspfiff nimmt einer der beiden den letzten verbliebenen vollen Behälter, rennt damit aufs Spielfeld und knallt ihn in einem Akt der Verzweiflung auf den Rasen. „Hol dir an Euro für den Pfand und kauf dir darum an Kaugummi", schreit er dem Ordner entgegen, während dieser den Becher schicksalsergeben entsorgt.

Der Trainer der Meidlinger ist eine österreichische Fußball-Ikone. In seiner aktiven Karriere hat er bei großen heimischen und ausländischen Vereinen gespielt, nun ist er in den Untiefen des österreichischen Fußballunterhauses versunken. Mit stoischer Miene bedankt er sich trotz der Niederlage bei seinen Spielern. Wirklich enttäuscht wirkt er genauso wenig wie irgendjemand sonst in diesem Stadion, wahrscheinlich ist es für echte Emotionen einfach zu kalt und Meidling bleibt auch in der Wiener Liga anders.

🎧 David Bowie – *Heroes*

Niederhofstraße: Die Diagnose

Ein Schatten liegt über meiner Lunge. Ich starre auf das Röntgenbild und versuche darauf die tödliche Krankheit zu erkennen, die der Arzt in meinem Befund vermerkt hat. Tatsächlich sieht die Aufnahme anders aus als jene, die ich auf Google von gesunden Lungen gefunden habe. Penibel vergleiche ich die Bilder Millimeter für Millimeter miteinander, immer mehr Unterschiede entdeckend, bis ich nach einer Stunde merke, dass ich das falsche Organ untersucht und die Lunge mit dem Herz verwechselt habe. Ich muss anerkennen, dass ich mit ein paar Stunden Online-Recherche kein jahrelanges Medizinstudium ersetzen kann, und rufe meinen Cousin an, der Lungenfacharzt ist. Sofort schickt er mir eine Überweisung zur Computertomografie.

Es ist der Tag des ersten Schnees in Wien, an dem man am liebsten zu Hause sitzt und dem Weltuntergang von drinnen zusieht. Ich jedoch muss raus, zum Diagnosezentrum Meidling. Der Weg dauert acht Minuten, ich fahre eine Stunde vorher los. Als ich viel zu früh ankomme, gehe ich einfach weiter, stadtauswärts am Diagnosezentrum vorbei.

Was wäre, wenn ich einfach weitermarschieren, für immer im Ungewissen bleiben würde, könnte ich dadurch nicht auch die Krankheit austricksen? Schließlich betrete ich den riesigen Parkplatz eines Supermarktes, an diesem Tag ist keine einzige Lücke frei, die abgestellten Autos sind schneebedeckt. Sobald die Welt zusammenzubrechen droht, stürmen die Wiener ihre Supermärkte. Ich betrete den gigantischen Laden und kaufe einen halben Liter frischen Orangensaft, den ich in einem Zug austrinke, so als könnten die Vitamine meiner Lunge ein Schutzschild umlegen. Anschließend laufe ich zurück, bin nun viel zu spät, und schon nach wenigen Sekunden außer Atem. Mit einem Mal macht die jahrzehntelange Konditionsschwäche endlich einen grauenhaften Sinn.

In der Klinik werde ich von einer freundlichen Assistentin empfangen. Die Untersuchung selbst dauert nur drei Minuten, ich bestehe darauf, die Bilder sofort mitzunehmen. Die Assistentin wirkt zwar leicht irritiert, kommt aber nach kurzer Wartezeit zurück, drückt mir eine CD in die Hand und verabschiedet sich mit den Worten „Alles Gute". Warum sagt sie so etwas Bedeutungsvolles, warum kein einfaches „Auf Wiedersehen"? Ihre Worte können nur eines bedeuten: Sie hat die Bilder gesehen und weiß, dass sie vor einem Todgeweihten steht.

Erst jetzt realisiere ich, dass ich keine ausgedruckten Fotos bekommen habe wie beim Röntgen. Da ich seit zehn Jahren keinen Computer mit CD-Laufwerk mehr besitze, fahre ich zu meiner Mutter. Mit zitternden Händen lege ich die CD ein und öffne die Videodatei, die das Innere meiner Lunge beim Arbeiten zeigt, bei jedem Atemzug explodieren dutzende helle Punkte auf ihr. Im Zuge meiner Google-Recherche habe ich gelesen, dass eine gesunde Lunge im CT vollkommen schwarz ist. Nun habe ich Gewissheit: Das sind alles Tumore, die der Arzt beim Röntgen übersehen hatte, die Situation ist noch schlimmer als gedacht.

Verzweifelt hole ich mein Handy heraus und zeichne das Feuerwerk auf dem Bildschirm auf. Die Qualität ist unterirdisch, dennoch schicke ich meinem Cousin das Video. Als mein Telefon läutet, habe ich bereits mit dem Leben abgeschlossen. Mein Cousin teilt mir mit, dass die Qualität des Videos einfach zu schlecht sei, um es seriös zu befunden, doch was er schon sagen könne, sei, dass er nichts wirklich Schlimmes erkennen könne. Wenige Minuten später erhalte ich eine E-Mail mit dem offiziellen Befund aus dem Labor, laut dem meine Lunge keinerlei Auffälligkeiten aufweist.

🎧 5/8erl in Ehr'n – *Siasse Tschik*

Am Schöpfwerk

Kleines Mädchen:
"Mama, was riecht hier so komisch?"

Mutter:
"Wien"

Flucht ans Schöpfwerk

Mein Leben fühlt sich ähnlich ausgeschöpft an wie mein Netflix-Konto: Ich habe bei jeder Serie das Gefühl, sie schon einmal gesehen zu haben. Hier am Schöpfwerk trifft mich diese Erkenntnis mit voller Wucht. Der Bereich vor der U-Bahn-Station ist ein unbarmherziges Déjà-vu auf ganz Wien: Es gibt einen kleinen Obstladen, daneben einen Kebabstand, dessen Ausdünstungen sich mit denen aus der Friteuse des „Schnitzel Hetzendorf" vermischen. Ich vergewissere mich, wirklich am Schöpfwerk zu sein, so sehr erinnert mich diese Station an eine andere, ja eigentlich an jede andere.

Als Gott Wien schuf, gingen ihm hier wahrscheinlich die Ideen aus, vielleicht ist sie das, die deprimierendste U-Bahn-Station der Stadt. In anderen Metropolen wie Bangkok hat man das Gefühl, selbst in den entlegensten Straßen der Stadt etwas entdecken zu können, egal wo man ist, stets umgibt einen pulsierende Energie. Hier dagegen, an der äußeren Peripherie Wiens, wähnt man sich in einer Schlafstadt, in die man nur zum Wohnen oder Sterben kommt, denn das Leben spielt sich anderswo ab. Ein kleiner Bub geht vorbei und fragt seine Mutter, was hier so komisch riecht. „Wien“, antwortet die Frau einfach nur, und was soll sie auch noch mehr hinzufügen.

Ich spaziere durch die Gassen der Vorstadt und frage mich, wo ich hinsoll. Seit einer Woche bin ich zurück aus dem endlosen Amerika, in dem sich hinter jeder Autobahnausfahrt ein neues Leben verbirgt. Natürlich könnte man auch in Wien die Zelte abbrechen und irgendwo anders neu anfangen, aber wer will schon nach St. Pölten oder St. Andrä? Ich setze mich auf eine verwaiste Bank, um mich herum ist niemand mehr, obwohl die Sonne scheint und man das Leben genießen sollte.

In Wahrheit gibt es nur zwei Gründe, um hierherzukommen: Entweder man wohnt hier, oder man besucht jemanden. Auf mich trifft keines von beiden zu, ich bin ziellos mit der U-Bahn durch die Stadt gefahren und irgendwo ausgestiegen, ganz ohne Grund. Eine Flucht vor der Verpflichtung, eine unendliche Befreiung, dass niemand weiß, wo ich gerade bin. Manchmal vergesse ich an solchen Tagen, das Handy abzudrehen, sodass dann doch wieder jemand aus dem echten Leben anruft oder schreibt, weil er etwas von mir braucht. Heute jedoch habe ich daran gedacht und frage mich, wie lange ich auf dieser Bank sitzen könnte, ohne dass jemandem auffällt, dass ich nicht dort bin, wo ich sein sollte. Eine junge Frau geht an mir vorbei. Obwohl sie Kopfhörer in den Ohren hat und Wien keine Stadt ist, in der man Fremde ansieht, wirft sie mir einen Blick zu und lächelt. Vielleicht wohnt sie hier und geht nur kurz spazieren, vielleicht ist aber auch sie eine Geflohene, die in ihrer Einsamkeit froh ist, einen Gleichgesinnten zu treffen.

Der Nino aus Wien – *Vorstadtcasanova*

Alterlaa: Wiens Manhattan

Weit draußen im Süden Wiens lebt eine österreichische Kleinstadt in einer einzigen gewaltigen Wohnanlage. Angesichts der in den Himmel ragenden Türme Liesings wähnt man sich für Sekundenbruchteile irgendwo in Manhattan. Einen der neuntausend Bewohner dieser monumentalen Bauten möchte ich an diesem Tag besuchen, weshalb ich zum ersten Mal in meinem Leben an diesem Fleck Wiens aus der U-Bahn steige.

Erschlagen von der Szenerie, versuche ich mich zu orientieren, vor mir weist ein Schild in Richtung „Block A1–A4". Minutenlang schreite ich an den immer gleich aussehenden Eingängen vorbei, an denen sich nur die Buchstaben- und Zahlenkombinationen ändern, doch alles andere immer gleich bleibt. Schließlich vermeine ich, den richtigen Turm gefunden zu haben, und nähere mich vorsichtig der Tür. Alles wirkt wie in einem Science-Fiction-Film, bei dem nach der Hälfte der Produktion das Budget ausgegangen ist. Mittels eines Touchscreens wähle ich den Bewohner aus, bei dem ich anläuten möchte. Ich verdrücke mich und klingle bei einer fremden Person, versuche vergeblich den Vorgang abzubrechen und ergreife schließlich die Flucht ins anliegende Einkaufszentrum.

Theoretisch könnte man sein gesamtes Leben verbringen, ohne den Wohnpark jemals zu verlassen, und es würde mich nicht wundern, wenn manche das tatsächlich tun. Vom Arzt übers Blumengeschäft bis zum Bettler ist hier alles innerhalb weniger Meter vorhanden. Beim Asiaten kann man Nudeln essen, im Reisebüro nebenan einen Urlaub auf dem fernen Kontinent buchen. Vielen ist beides wohl zu exotisch, weshalb der zugige Gastgarten des Cafés Plus trotz des nahenden Winters aus den Nähten platzt. Der Kellner kassiert gerade einen der Tische ab, in Griechenland streitet man sich darum, wer die Rechnung übernehmen darf, in Österreich darüber, wer zahlen muss. Auf den Tischen stehen ausschließlich alkoholische Getränke, die Stimmung ist ausgelassen.

Vor dem Sportzentrum nebenan wartet eine Menschenmenge, hauptsächlich Eltern mit ihren Kindern, die auf Einlass warten, sogar Securitys wurden engagiert, doch die Meute verhält sich friedlich. Ich schlendere weiter, bei einem

Imbissstand begleicht ein Kind seinen Einkauf mit einem Berg von Zehn-Cent-Münzen, der Betreiber scheint es gewohnt zu sein und zählt diese seelenruhig ab.

Beim Ostblock-Charme der Anlage bin ich hin- und hergerissen, ob das Ganze nun praktisch ist oder unfassbar trist. Mit einem Mal kommt mir der Freund entgegen, den ich besuchen wollte, es ist wie am Dorfplatz, auf dem man sich zufällig trifft. Wir setzen uns ins Café Plus und bestellen Most, bevor ich meine Gedanken über Alterlaa mit ihm teile. Jedem seiner Nachbarn gefällt es hier, erzählt er mir, vielleicht ist es dieses Paradoxon, laut dem jeder Wiener diesen glühenden Patriotismus für seinen Bezirk und seine Wohnanlage beschwört, während er sich im selben Atemzug über die dort vorherrschenden Zustände beschwert. Der Most schmeckt leicht drüber, doch ich könnte nicht sagen, ob das so gewollt ist oder nicht. Dennoch bestellen wir noch einen, mit jedem weiteren Schluck erfüllt mich ein Gefühl der Geborgenheit und ein inniger Wunsch erwacht in mir, einfach nie wieder von hier wegzugehen.

🎧 Wanda – *Die Sterne von Alterlaa*

U6

U-Bahn steht länger

Fahrgast drückt Notruf:
"Heast, was ist los, warum foahma ned?"

Fahrer:
"Der Knopf ist für Notfälle, keine Plauderhotline"

Die unerträgliche Pünktlichkeit der Wiener Öffis

Ein Mann schimpft mit hochrotem Gesicht in sein Handy, lautstark beschwert er sich über den Ausfall der U6. Verzweifelt klammert er sich an der Hoffnung fest, dass es sich bei der Zeitanzeige in der Station um einen Fehler handelt, und überprüft die Verspätung auf der Wiener-Linien-App. Etliche Wartende recken die Köpfe über die Gleise, um den ersehnten Zug eine Sekunde früher erspähen zu können als alle anderen. Als dieser endlich in die Station einfährt, geht ein zufriedenes Raunen durch die Menge, das sich nur Augenblicke später in ein wienerisches Raunzen verwandelt.

Eingepfercht in einem völlig überfüllten Waggon, wird schnell klar, dass sich die Situation weiter verschlechtert hat, denn die U-Bahn ist nun zwar hier, fährt aber nicht weiter. Eine Durchsage ertönt, aufgrund eines Polizeieinsatzes muss auf Schienenersatzverkehr umgestellt werden, wir bedanken uns für Ihr Verständnis. „Na jo, bleibt uns ja nichts anderes übrig“, kommentiert ein Fahrgast und bahnt sich wutentbrannt einen Weg aus dem Waggon.

Für die Bewohner von London, Paris oder New York stellt es eine Ausnahme dar, wenn sie einmal ohne Fahrtbehinderung in die Arbeit kommen; wenn die Metro tatsächlich einmal so fährt, wie sie es laut Plan tun soll. In Wien ist es umgekehrt: Alles funktioniert, und deshalb ist es umso einschneidender, wenn einmal etwas schiefgeht. Man ist fassungslos angesichts einer zehnminütigen Wartezeit, die sich wie die Ewigkeit des Fegefeuers vor einem ausbreitet. Die Wiener-Linien-Minute, welche die Regeln von Raum und Zeit neu definiert, schlägt in diesen Momenten mit voller Unbarmherzigkeit zu. Diese Ungeduld auf der Bühne einer Stadt, in der die Langsamkeit zelebriert wird, in der stundenlang vor ein und derselben Melange vor sich hin sinniert werden kann, erscheint wie ein weiteres dieser unerklärlichen Wiener Paradoxa. Doch die Mußezeit im Kaffeehaus ist nur geborgt, sie muss wieder eingeholt werden, beim Billa an der Kassa, oder eben in der U-Bahn, wenn es plötzlich um Sekunden geht.

Irgendwann reicht es einem der Fahrgäste. Er betätigt den Knopf an der Sprechanlage, die ihn zum Fahrer der Garnitur durchstellt. Mit festem Tonfall möchte er wissen, wann es weitergeht. Nach wenigen Sekunden tönt eine gereizte Stimme zurück: Diese Leitung ist ausschließlich in Notfällen einzusetzen und keine Plauderhotline. Resigniert bricht der Fahrgast das Gespräch ab und fügt sich seinem Schicksal.

Wie von Zauberhand schließen sich zwei Sekunden später die Türen. Ich blicke den Mann neben der Sprechanlage an und bilde mir ein zufriedenes Lächeln ein, das seine Mundwinkel nach oben zieht, während die U-Bahn ihren Weg durch die Stadt fortsetzt.

Russkaja – *Kosmopolit*

Gürtel-Sightseeing-Tipps

Wer in die U-Bahn steigt, hat zumeist ein klares Fahrtziel vor Augen. Doch manchmal lohnt es sich, schon vorher auszusteigen. An einer Station, bei der man bisher nur durchgefahren ist. Um dann vielleicht einen der Lieblingsplätze des Wiener Alltagspoeten entlang der U6 zu entdecken.

1. Neue Donau: Wenn sich die hitzegeplagte Stadt hier im Sommer zum Baden einfindet, werden interkulturelle Grenzen überwunden wie kaum anderswo – in der Badehose sind alle gleich. Wer es ruhiger möchte, flüchtet über die Brücke auf die Donauinsel, im legendären Eissalon Da Ponte gibt es Melange und Kuchen für 5,20 Euro.
2. Handelskai: Beim Beislbesuch verkommt das Essen oft zur Nebensache. Im Gasthaus Kopp schmecken Schmäh und Schnitzel aber gleichermaßen großartig. Übrigens: Kein Lokal war bisher häufiger Schauplatz auf den Wiener Alltagspoeten.
3. Nußdorfer Straße: Ein echter Alltagspoet bleibt bei der Getränkeauswahl zwar eher bei Bodenständigem, aber wenn es doch einmal ein Whiskey Sour sein soll, dann mixt diese keiner so schmackhaft wie die Cocktail-Künstler aus dem The Sign.
4. Währinger Straße: Das WUK kennt man als Konzertort, aber viele wissen nicht, dass dort auch Keramik gebrannt, Fahrräder repariert und verkauft werden, sowie im Sommer Fußball übertragen wird. Für ein Getränk im schönsten Innenhof an der U6 braucht es aber eigentlich keinen dieser Anlässe.

5. Alser Straße: Wenn man Wien in einem Markt zusammenfassen müsste, dann wäre es der Brunnenmarkt. Nebenbei kann man hier auch wirklich gut einkaufen. Wer über die Alser Straße anreist, kann zur Einstimmung und als kulturellen Gegensatz einen Kaffee am Yppenplatz genießen.
6. Josefstädter Straße: Der Gürtel ist Wiens Kebabmeile, doch das Essen vieler dieser Läden lässt sich nur nach einer durchzechten Nacht ertragen. Auf nüchternen Magen empfiehlt sich die Einkehr beim Mangalet, oder sonst auch zwei Stationen weiter beim Dönermeister oder dem Berliner Döner.
7. Thaliastraße: Livemusik im Café Carina anhören, anschließend im Chelsea zur nie wechselnden Playlist tanzen und zum bitteren Ende (aber nicht vor vier Uhr früh) die Straßenseite ins Concerto wechseln, in dem die dicken Kellermauern vergessen lassen, dass schon lange die Sonne aufgegangen ist.
8. Burggasse: Das Dach der Hauptbücherei ermöglicht den endlosesten Fernblick entlang der U6. Entweder oben ins Restaurant setzen oder mit ein paar Flaschen Bier auf den Stufen die Aussicht genießen.
9. Westbahnhof: Sonntags gehörte der alte Westbahnhof den Sandlern und Vertriebenen. Mit dem Umbau zur Bahnhof City wurde zwar jegliche Atmosphäre zerstört, dafür kann man auch am Tag des Herrn Bio-Handsemmeln fürs Frühstück erwerben.
10. Gumpendorfer Straße: Den lärmenden Gürtel hinter sich lassend flüchtet man von hier ins Café Jelinek, ein Altwiener Kaffeehaus wie aus dem Poeten-Lehrbuch. Inklusive Kachelofen, Zeitungen, alten Sitzpolstern, ausgezeichnetem Kuchen und etwas, das es in Wiener Kaffeehäusern nur selten gibt: wirklich guten Kaffee.

ANDREAS RAINER

ist der Wiener Alltagspoet. Er verbrachte drei Jahre in Nordamerika, wo er im Montreal Holocaust Memorial Centre seinen Zivildienst absolvierte und danach mittels Fulbright Stipendium am Bard College und der University of Connecticut unterrichtete.
Nach sechs Jahren als Marketing Director für eine Social-Media-Plattform aus San Francisco beschloss er 2017, diese Karriere hinter sich zu lassen, um seinen Traum vom Schreiben zu verfolgen. Noch im selben Jahr gründete er die Instagram-Seite Wiener Alltagspoeten, auf der er seitdem Zitate und Beobachtungen aus dem Alltag Wiens veröffentlicht. Was als kurzzeitiges Experiment geplant war, wurde zu einer der meistgelesenen Seiten Österreichs.
Heute verbringt er seine Zeit als Autor und mit dem Sammeln von Alltagspoesien.

Andreas Rainer schreibt auf www.story.one

Hey, hat dir das Buch gefallen - willst du auch eines schreiben?

www.story.one